Enmendar un embuste

por Kelly Kong

ilustrado por April Hartmann

Scott Foresman
is an imprint of

Glenview, Illinois • Boston, Massachusetts • Chandler, Arizona
Upper Saddle River, New Jersey

Every effort has been made to secure permission and provide appropriate credit for photographic material. The publisher deeply regrets any omission and pledges to correct errors called to its attention in subsequent editions.

Unless otherwise acknowledged, all photographs are the property of Pearson.

Photo locations denoted as follows: Top (T), Center (C), Bottom (B), Left (L), Right (R), Background (Bkgd)

Illustrations by April Hartmann

Photograph 12 Getty Images

ISBN 13: 978-0-328-53455-5
ISBN 10:   0-328-53455-2

Copyright © by Pearson Education, Inc., or its affiliates. All rights reserved. Printed in the United States of America. This publication is protected by copyright, and permission should be obtained from the publisher prior to any prohibited reproduction, storage in a retrieval system, or transmission in any form or by any means, electronic, mechanical, photocopying, recording, or likewise. For information regarding permissions, write to Pearson Curriculum Rights & Permissions, One Lake Street, Upper Saddle River, New Jersey 07458.

Pearson® is a trademark, in the U.S. and/or other countries, of Pearson plc or its affiliates.

Scott Foresman® is a trademark, in the U.S. and/or other countries, of Pearson Education, Inc., or its affiliates.

2 3 4 5 6 7 8 9 10 V0N4 13 12 11 10

Entre resuellos, Alex se despierta de su sueño con unos broncos invencibles. Alex sonríe. Es un día importante. ¡Su familia va a tener una venta en el patio!

Con el rostro alumbrado por la emoción, Alex se encamina hacia el patio.

Alex quiere vender algunos juguetes viejos, su libro "El idioma de los robots invasores" y su mesabanco. Ya sabe qué va a comprar con el dinero.

De pronto, Alex vio un hermoso letrero rojo sobre la mesa. Era impresionante de bonito.

—¿Qué es? —preguntó Alex.

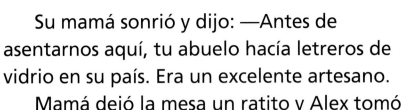

Su mamá sonrió y dijo: —Antes de asentarnos aquí, tu abuelo hacía letreros de vidrio en su país. Era un excelente artesano.

Mamá dejó la mesa un ratito y Alex tomó el letrero.

Justo en ese momento una niña se detuvo para ver sus juguetes. ¡Quizás iba a ser su primera clienta! Alex soltó el letrero y se dio vuelta. Escuchó el derrumbe y el estallido. Alex resolló con espanto. El cartel del abuelo se había caído de la mesa. Se había roto en dos pedacitos.

Alex miró a su alrededor. Nadie lo había visto. Nadie sabría a quién culpar. Escondió el letrero roto.

Alex vendió sus juguetes. Pero se sintió mal toda la tarde. Sabía que era un embuste, una grave mentira, no decirle a su mamá que él había roto el letrero del abuelo.

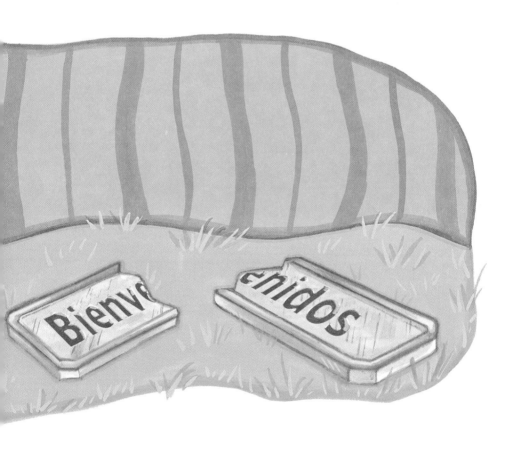

El día de la venta terminó. Alex y mamá entraron a casa. Pronto, papá entró con el letrero roto en las manos.

—¡Miren lo que encontré debajo de un matorral de arbustos! —dijo papá—. Alguien lo rompió y lo escondió.

Alex no levantaba la mirada del piso.

—Yo lo rompí, papá —explicó Alex por fin con voz bajita—. Fue involuntariamente.

—¿Por qué lo escondiste? —preguntó mamá un poco exasperada.

—Me equivoqué. Dije un embuste y cometí un grave error —dijo Alex.

—Exactamente —dijo mamá—. Pero un error se puede enmendar.

—Lo lamento —dijo Alex.

—¿Serás más cuidadoso y más honesto la próxima vez? —preguntó mamá.

Alex dijo que sí con la cabeza.

Cuando terminaron de cenar, Alex ayudó a su papá a arreglar el letrero. Mamá sacó otros letreros y conversaron sobre cómo el abuelo los había hecho. ¡Esta vez Alex fue extremadamente cuidadoso!

Consecuencias de hacer algo mal

Cuando haces mal las cosas, siempre hay una consecuencia. Si haces algo mal en la escuela, tu nombre aparecerá en el pizarrón. Si no respetas las reglas de seguridad, te lastimarás. Si tiras desperdicios, haces que los lugares se vean sucios y feos.

Aunque no te descubran, igual sentirás las consecuencias. Hacer las cosas mal te entristece a ti y a los otros. No nos sentimos bien con nosotros mismos cuando hacemos las cosas mal.